AF224667

CINQUIÈME ANNIVERSAIRE

DE LA BATAILLE DE SEDAN.

DISCOURS

PRONONCÉ, LE 1er SEPTEMBRE 1875,

Dans l'Eglise Saint-Charles de Sedan,

Par M. l'Abbé S. DUNAIME,

ARCHIPRÊTRE, CURÉ DE SEDAN.

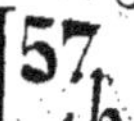

SEDAN
IMPRIMERIE DE JULES LAROCHE
22, GRANDE RUE, 22.

LE 1er SEPTEMBRE 1875

A SEDAN

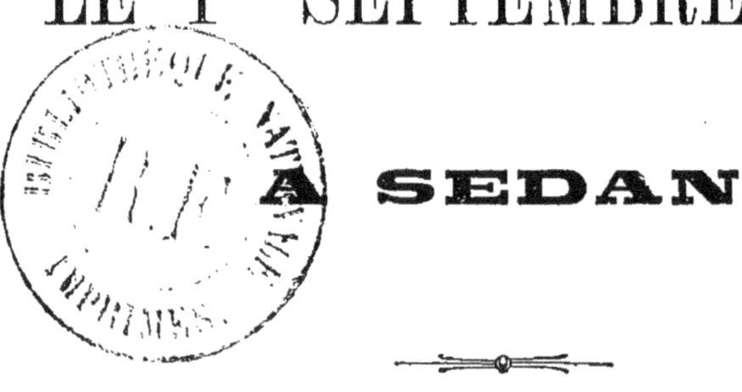

———◦———

La mort du guerrier qui tombe sur le champ de bataille victime de son dévouement pour ses frères, pour sa patrie, a toujours été environnée du respect et de la reconnaissance des peuples. De là ces pompes funèbres, ces monuments splendides, ces louanges glorieuses qui honorent les dépouilles mortelles et la mémoire de ces héroïques soldats. « Athéniens, « s'écriait Périclès, en parlant des citoyens morts pour la patrie, « vous avez beau multiplier vos discours, vos inscriptions, vos « cénotaphes : vous ne paierez pas une goutte de ce sang « généreux que vos enfants ont versé pour leur mère. » Hélas ! il n'est que trop vrai, ni les mausolées les plus superbes, ni les éloges les plus éloquents ne pourraient les rappeler à cette vie, ni même les soulager dans l'autre. Cependant, si l'orateur parle au nom de l'Esprit-Saint qui s'est fait en quelque sorte le panégyriste de la bravoure militaire, *Laudemus viros gloriosos in generatione suâ;* si la patrie inconsolable emprunte les accents de la religion, ces pieuses manifestations, plus efficaces que les larmes et le souvenir, s'élèvent jusqu'au trône du Dieu

des armées, et procurent à nos chers défunts le repos et l'immortalité.

Rien d'imposant comme cette cérémonie lugubre où les
représentants de l'église et de la nation s'étaient donné rendez-
vous, pour exprimer leur patriotique reconnaissance aux nobles
Français tués en si grand nombre dans les combats du 31 août
et du 1er septembre 1870.

Notre église avait revêtu pour la circonstance un caractère
d'indéfinissable tristesse. Ce vieil édifice, converti en ambu-
lance aux jours néfastes, ressemblait à un immense tombeau.
Partout des emblêmes funèbres ! partout le deuil et l'image de
la mort! Quel respect! quelle piété dans cette assemblée qui
se presse au pied de l'autel aussi nombreuse et non moins
recueillie que les années précédentes !

Après une semaine des plus laborieuses, au lendemain du
congrès catholique de Reims, M. l'abbé Juillet, vicaire-général
de Son Excellence Monseigneur Langénieux, était venu donner
par sa présence un nouvel éclat à notre service anniversaire,
et offrir le saint-sacrifice pour les victimes du 1er septembre.

Plusieurs archiprêtres du département, et un grand nombre
d'ecclésiastiques du diocèse assistaient à la cérémonie.

Dans le chœur, réservé aux autorités civiles et militaires,
nous avons remarqué : M. le maire et le conseil municipal,
M. Philippoteaux, député à l'Assemblée nationale, M. le comte
Pajol, général de division, M. de la Bastide, général de brigade,
les officiers d'infanterie et de cavalerie, les membres des tri-
bunaux, et les fonctionnaires publics (1). Le piquet d'honneur
a été fourni par la gendarmerie. Pendant l'office, la musique
des chasseurs et celle des sapeurs-pompiers ont fait entendre
plusieurs morceaux funèbres.

---

(1) M. le sous-préfet avait informé M. l'archiprêtre qu'absent de Sedan,
pendant 5 ou 6 jours, il lui serait impossible, à son très-vif regret, d'as-
sister au service funèbre du 1er septembre.

Les chants liturgiques ont été exécutés avec ensemble et précision par la maîtrise, sous l'habile direction de M. Tridémy.

M. Dunaime, archiprêtre de Sedan, se fit pour la cinquième fois l'organe de la douleur publique; témoin de l'épouvantable catastrophe dont le souvenir afflige son cœur de français et de prêtre, il sut présenter sous un point de vue nouveau ce lamentable sujet, et donner à sa parole cette énergie, cette majestueuse tristesse qui laissera dans les âmes de salutaires et profondes impressions. Prenant pour texte cette parole de nos livres saints : *Quid est enim vita vestra? Vapor est admodicum parens, et deinceps exterminabitur,* l'orateur nous fit en quelque sorte toucher du doigt l'instabilité des choses humaines, représentées par les trois forces qui combattaient pour nous : le soldat, l'armée, la forteresse; puis, illuminant nos esprits des clartés suprêmes et versant dans nos cœurs des espérances victorieuses de la mort, il nous laissa entrevoir « *l'immortelle patrie des grandes âmes, la cité de Dieu vierge* « *de révolution, de décadence, de larmes et de deuil.* »

Familles éprouvées qui pleurez un père, un fils, un frère, un époux moissonnés dans cette guerre désastreuse, vous relirez ces pages éloquentes inspirées par la foi et le patriotisme, et vos larmes couleront moins amères, et vous serez consolées par la certitude de retrouver dans une vie meilleure ceux que vous avez perdus.

Si leur nom n'est point gravé sur le bronze et sur le marbre, qu'il soit écrit au livre éternel des élus!

V. P.

DISCOURS

PRONONCÉ, LE 1ᵉʳ SEPTEMBRE 1875,

Dans l'Eglise Saint-Charles de Sedan,

Par M. l'Abbé S. DUNAIME,

Archiprêtre, Curé de Sedan.

————◦◦ː◦ː◦◦————

> *Quid est enim vita vestra? Vapor est ad
> modicum parens et deinceps exterminabitur.*
>
> Qu'est-ce donc que votre vie? Une vapeur
> qui brille un instant et disparaît ensuite.
>
> (Ep. de St-Jacques, C. IV, V. XV).

———————

Qu'il est touchant, mes Frères, qu'il est admirable, le
spectacle que nous avons en ce moment sous les yeux!
Qui contemplerait, en effet, sans une profonde émotion
ce temple voilé de deuil, ce catafalque qui se couronne
d'un drapeau renversé, cette vaste enceinte qui ne
s'éclaire plus que de lampes sépulcrales, et surtout cette
assistance si nombreuse, si recueillie, si pénétrée, où tous
les rangs de la société se pressent et se confondent pour
verser avec des larmes une même prière au pied d'un
même autel.

Ah ! qu'à cette heure même, au-delà du Rhin, une populeuse nation soit en fête ; qu'au souvenir d'un triomphe inouï, elle pousse jusqu'aux nues des hurrahs frénétiques, on le conçoit sans l'admirer, puisqu'en pareil cas, rien n'est plus commun et rien n'est moins méritoire : mais vous, chers Paroissiens, qu'après avoir tant souffert de la bataille de Sedan, vous n'en célébriiez pas moins, pour la cinquième fois, avec une piété qui ne se refroidit pas, le douloureux anniversaire, c'est là, en vérité, une rare manifestation de foi et de patriotisme.

Il y a huit jours, un illustre religieux, qui s'était dévoué en qualité d'aumônier volontaire à nos blessés et à nos prisonniers, et les avait suivis comme leur Providence en ces régions meurtrières où vingt mille d'entre eux rencontrèrent la mort, donnait au congrès catholique de Reims des nouvelles consolantes. Grâce à la charité publique, disait-il, il a déjà fondé pour ces derniers, dont il se souvient avec amour, soixante-cinq messes à dire tous les ans, à perpétuité, dans les paroisses mêmes où reposent leurs dépouilles mortelles ; de plus, pèlerin de la patrie et de la famille, il revenait hier des lieux lointains de leur sépulture ; avec des soins infinis il les a visités tous, bien qu'ils soient au nombre de cent quatre-vingt-neuf, et n'en a laissé aucun sans l'avoir décoré d'une pierre tumulaire surmontée de la Croix. Eh bien ! chers et vénérés Frères, combien je suis heureux de le constater ! vous partagez, dans une mesure qui vous honore, la même sollicitude, vous pratiquez le même dévouement : car, outre les croix plantées de vos mains dans les champs d'alentour, en attendant le monument dont nous parlions l'an dernier, il faut à votre religion pour les Français moissonnés à la bataille de Sedan, le renouvellement annuel de cette si précieuse et si édifiante cérémonie.

Cependant sur un sujet qui n'est pas inépuisable, que

vous dire encore, que vous dire de nouveau pour répondre dignement à vos graves pensées? En regard de ce champ de bataille où nous avons vu succomber l'une après l'autre, sous leurs formes diverses, les trois forces humaines qui combattaient pour nous, le soldat, l'armée et la forteresse, il y a lieu ou jamais de demander avec l'Apôtre : Qu'est-ce donc que votre vie? et de répondre comme lui : Votre vie n'est qu'une vapeur qui miroite un instant au soleil et puis se dissipe et s'évanouit.

I

Voyez d'abord ce jeune homme à l'œil ardent, au sang fumeux, aux allures vives et martiales. S'il n'a pas la force de Samson, il en a le courage et l'audace, et, monté sur un coursier dont la vigueur multiplie la sienne, de quel effort impossible n'est-il pas capable? Peut-être à réduire un insolent ennemi ne s'est-il pas préparé d'abord, comme David, en terrassant des lions: mais au lieu de la fronde du berger, il a aux mains une arme qui, avec plus de précision encore, porte la mort dix fois plus loin et plus rapidement. De vivre un siècle incertain sans doute, il ne désespère pas néanmoins; il n'est qu'au début d'une carrière dont les illusions de la jeunesse lui voilent le terme: à lui donc l'avenir, à lui les longues et riantes perspectives.

Enfant des Gaules, de cet air allègre et confiant où vas-tu? Je vais où m'appelle le devoir; ma patrie est en danger, j'ai entendu son cri d'alarme, je vole à sa défense : vingt fois pour elle, je m'y attends, j'affronterai le trépas et je verserai mon sang, et puis, lorsque les ans, les fatigues et les blessures auront affaibli mon bras, je reviendrai au foyer de mes pères, couler dans la retraite une vieillesse honorée. O vaines espérances! O mortel ignorant de tes destinées! N'entends-tu pas le clairon retentir, n'entends-tu pas sonner la charge? Il l'entend en effet et bondit sur l'ennemi; il est seul contre deux, contre trois, contre cinq; il est à découvert pendant qu'eux sont retranchés, que lui importe?

A vaincre sans péril on triomphe sans gloire.

Il se le dit et s'en enflamme davantage. Mais les coups mortels qu'il donne lui sont largement rendus, et bientôt, frappé trois fois pour une, il est renversé sur la poussière qui boit avidement les dernières gouttes de son sang.

Voilà donc ce qui nous reste du brillant guerrier et de ses rêves plus brillants encore : un corps meurtri et inanimé, disons le mot, un cadavre!... un cadavre qu'on enterre sans cercueil et qu'on mêle sans distinction (la nécessité le commande) à des vingtaines d'autres qui dormiront avec lui dans une fosse commune leur dernier sommeil.

La pouviez-vous croire, ô parents désolés, la fatale nouvelle! Ne vous obstiniez-vous pas à garder dans votre pensée à ce cher défunt la vie dont il rayonnait à son départ sous vos baisers? Ne disiez-vous pas comme cette noble femme que nous ne savions consoler : « Ah, je vous en prie, rendez-moi mon fils; il était, je le sais, de ces intrépides cavaliers qui, des hauteurs de la Garenne, renouvelèrent deux fois la charge des cuirassiers de Reischoffen, mais personne ne l'a relevé, personne ne lui a rendu les devoirs suprêmes : il vit encore, rendez-le moi. » Et malgré les rigueurs de l'hiver, elle s'en allait à sa recherche jusqu'au fond de l'Allemagne ; mais n'ayant découvert, ô mère généreuse, que des indices trop certains de l'irréparable malheur, n'auriez-vous pas voulu encore, revenue à Sedan, fouiller le champ de bataille et scruter les mystères de la tombe? Hélas! triste désir d'un cœur de mère égarée par la douleur! qu'eût-elle retrouvé en effet? non plus la figure bien aimée que redemandait sa tendresse, non plus même un cadavre, mais ce quelque chose dont le prince des orateurs français disait : qu'il n'a plus de nom dans aucune langue. Tant il est vrai, mes Frères, que la vie que nous menons ici-bas avec tant d'assurance, n'est qu'une fleur qui passe du matin au soir, moins que cela, une frêle vapeur qui, après un moment d'éclat, se perd dans la nuit du passé. *Quid est enim vita vestra? vapor est ad modicum parens, et deinceps exterminabitur.*

II

Mais allons plus loin, qu'est-ce même qu'une armée tout entière? Formée de multitudes de soldats exercés, disciplinés et avec cette ponctualité absolue qui de leur nom s'appelle militaire, servant comme un seul homme la haute pensée qui les dirige, une armée pourrait s'appliquer le mot dont Saint Paul caractérisait l'unité de la Sainte Eglise : *Unum corpus multi sumus.* Nous sommes des centaines, nous sommes des milliers, nos costumes sont variés, nos armes sont différentes, et pourtant nous ne sommes qu'un seul corps : *unum corpus multi sumus.* Aussi quel magnifique ensemble qu'une armée, quel faisceau compacte et puissant! Si elle marche, à son approche, toutes les barrières tombent, tous les obstacles s'aplanissent, tous les chemins s'ouvrent, et le sol qu'elle foule à son gré, et les pays qu'elle traverse comme il lui plaît la saluent au loin de leurs échos frémissants ; qu'elle s'arrête au contraire pour livrer bataille, que ses phalanges s'alignent, que ses escadrons se déploient, que ses canons se rangent et s'apprêtent à lancer la foudre, le spectateur est saisi d'une sorte de religieuse terreur : il sent à merveille qu'il a devant lui une des choses les plus imposantes, les plus formidables qui soient au monde : *terribilis ut castrorum acies ordinata.*

Oui, telles étaient, en des jours meilleurs, ces belles troupes que nous allions, le dimanche, contempler dans leur camp de Châlons, lorsqu'en plein air, à l'ombre de leurs glorieux drapeaux, devant elles et pour elles se célébrait l'auguste sacrifice de la Messe ; telle encore nous nous représentions cette armée qui se battait pour nous si vaillamment le 1er septembre 1870. Mais le soir de la bataille, mais le lendemain, grand Dieu, qu'était-elle devenue? Malgré des prodiges d'héroïsme, décimée par une artillerie supérieure et sous l'effort de masses assaillantes qui se renouvelaient sans cesse, délogée successivement de toutes ses positions et refoulée vers la ville, elle avait fini par l'inonder de ses malheureux débris. Comme un grand édifice renversé par terre par un ouragan furieux, elle n'offrait plus qu'un amas confus d'éléments disjoints, disparates et mutilés. O Ciel, encore un coup, quel affreux chaos, et quels sinistres bruissements! Ah! je les entends encore!

Ici, la faim qui demandait à grands cris du pain dont la ville était épuisée ; là, la fatigue qui jetait sur les pavés des centaines d'hommes appelant en vain sur une couche si dure, moins dure toutefois que le sentiment de la défaite, un sommeil réparateur ; plus loin, le désespoir qui brisait les armes, tuait les chevaux, déchirait les étendards ; d'un côté, enfin, les vainqueurs qui arrivaient aux accords barbares d'une musique triomphale, de l'autre, les prisonniers qui partaient pour la presqu'île d'Iges et qui, après y être restés quatre jours et quatre nuits par une pluie froide, sans abri et presque sans nourriture, repassaient, Dieu sait dans quel état, pour prendre l'horrible chemin de la captivité.

O vous, qui avez été, comme moi, témoins de ces scènes

navrantes, vous qui étiez là dans la plus cruelle impuis-
sance, lorsque défilaient à travers la ville, comme un
troupeau, ces infortunés que rien ne signalait plus que
leur nombre immense et leur immense dénuement, vous
qui avez vu finir ainsi en quelques heures une armée
française de 90,000 hommes, dites-moi si elle n'est pas
elle-même, quand Dieu le veut, aussi instable, aussi
éphémère qu'une vapeur fugitive? *Quid est enim vita
vestra? Vapor est ad modicum parens, et deniceps exterminabitur.*

III

Qu'est-ce enfin que la force humaine à ce troisième
et dernier degré que le Roi-Prophète avait en vue lorsqu'il s'écriait : Qui m'introduira dans la ville fortifiée?
n'est-ce pas vous, ô mon Dieu? *Quid deducet me in civitatem
munitam ?... Nonne tu, Deus ?* Comme l'ancienne capitale
de l'Idumée, la capitale de la Principauté sedanaise était
un abri sûr et un puissant foyer de résistance. La nature
lui ayant donné pour base un vaste rocher, quatre siècles
de travaux y avaient ajouté de remarquables fortifica-
tions au sein desquelles s'était développée une population
belliqueuse. En 1521 déjà, Robert de La Mark s'appuyant
sur sa ville comme sur une forteresse imprenable, osait
déclarer la guerre à Charles-Quint, et, pendant un armis-
tice, visité par les seigneurs allemands qui commandaient
contre lui l'armée de l'Empereur, il leur disait : « Sachez,
Messieurs, que je ne vous crains guère ; inspectez donc,
je le veux bien, la place en tous ses détails, afin que s'il
vous prend fantaisie de venir l'assiéger, vous sachiez
par où donner l'assaut. »

Prince magnanime, auriez-vous, de nos jours si différents des vôtres, tenu un si fier langage ? Je ne dirais pas non, car les hommes de cœur comme vous, comme Bayard votre contemporain, s'inspirent moins des réalités qui les entourent que des sentiments héroïques qu'ils puisent en eux-mêmes. Mais alors à quelle amère déception n'eussiez-vous pas été réservé? Attirée de Beaumont vers nous, soit pour s'aider de nos murs et de notre citadelle, soit pour renouveler ses vivres et ses munitions, notre armée venait se prendre au piège de cette vaine attente : elle ne trouvait pas à Sedan, elle n'y pouvait pas trouver ce qui lui manquait, ce qui nous manquait à nous-mêmes, et du même coup se faisait la preuve qu'une place de guerre autrefois des plus fortes, des plus utiles, sinon des plus nécessaires, était désormais tout autre et devait bientôt, comme il est arrivé, aboutir au déclassement.

C'en est donc fait, le voilà découronné de son rôle antique, le fameux château des de La Mark, des Bouillon, des Turenne, et des Fabert ; de grands souvenirs, il est vrai, le préserveront d'une destruction totale, mais s'il reste encore debout ce ne sera plus pour défendre la ville, ce sera seulement pour apprendre aux âges futurs l'éclatante inconstance de nos destinées. Ils vont tomber aussi, comme de viles murailles, sous le pic démolisseur, ces bastions solides, ces superbes remparts qu'auront défendus pour la dernière fois, trop inutilement, hélas ! mais toujours d'un si grand cœur, nos braves miliciens : encore trois ans, ils ne seront plus ; le touriste, soucieux à juste titre de notre histoire guerrière, les cherchera vainement, et la poussière soulevée sur ses pas curieux marquera seule à l'horizon la place de leurs arêtes à jamais disparues. *Quid est enim vita vestra ? Vapor est ad modicum parens, et deinceps exterminabitur.*

Mais quoi! Chrétiens, quelqu'autorisé que je sois par la circonstance, n'aurai-je donc qu'à vous répéter cette lugubre et désespérante exclamation ? Non, non, Dieu devant qui rien ne se perd, ne laisse pas périr sans ressource et sans retour ses ouvrages, ni même les nôtres quand ils sont conformes à ses pensées.

« L'homme, a dit Pascal, n'est qu'un roseau, le plus faible de la nature, mais c'est un roseau pensant ; il ne faut pas que l'univers entier s'arme pour l'écraser : une vapeur, une goutte d'eau suffit pour le tuer. Mais quand l'univers l'écraserait, l'homme serait encore plus noble que ce qui le tue, parce qu'il sait qu'il meurt, et l'avantage que l'univers a sur lui, l'univers n'en sait rien. » Et surtout, ajouterai-je, parce que l'homme sait qu'il ne meurt pas tout entier, que ce qui meurt de lui ressuscitera, et que s'il a le mérite de donner sa vie pour ses frères, sa mort, semblable à celle du Sauveur, lui assure un sort égal, la bienheureuse immortalité.

De l'armée, en ce qu'elle a de meilleur, il n'en est pas autrement; se reposant au Ciel de ses bons combats, le front ceint de lauriers et la main portant ces palmes de la victoire qu'au champ d'honneur on cueille aussi bien, si ce n'est mieux, en recevant la mort qu'en la donnant, radieuse enfin d'harmonie de gloire, de bonheur, d'invincibilité, c'est elle, ce sont ses innombrables bataillons d'anges et d'élus qui chantent le cantique : « *Sanctus, Sanctus, Sanctus Dominus Deus Sabaoth.* Saint, Saint, Saint est le Seigneur, Dieu des armées. »

La forteresse elle-même, sublimement transformée, n'apparaît-elle pas aux sommets éternels? « Un ange, dit l'Apôtre Saint Jean, me transporta en esprit sur une montagne élevée, et il me montra la céleste cité de Jérusalem,...... c'était un carré parfait qui avait douze portes formées d'autant de pierres précieuses, et autour de lui une muraille bâtie de jaspe qui se dressait à la

hauteur de cent quarante coudées de mesure d'homme. »
O forteresse, seule vraiment digne de ce nom, parce que,
toi, aucun siége ne saurait t'investir, aucun bombarde-
ment t'atteindre, aucune capitulation te trahir, aucun
déclassement te démanteler ! O cité de Dieu, vierge de
révolutions, de décadence, de larmes et de deuil ! ô
immortelle patrie de toutes les grandes et saintes âmes,
c'est en toi que nous demandons au Seigneur, par le
sang de l'Agneau sans tache, de réunir ceux qui se sont
immolés ici pour la France, et puissions-nous tous un
jour, habiter nous-mêmes, avec eux, tes splendides et
inexpugnables demeures !

AINSI SOIT-IL.

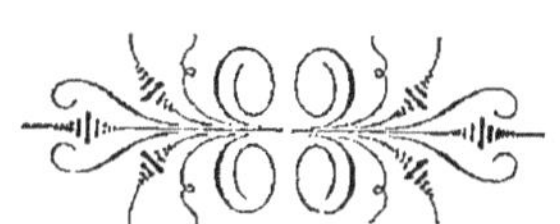